LETTRES A UN CONSERVATEUR

L'AVENIR
DE LA RÉPUBLIQUE

PAR

ISIDORE PELATAN

PRIX : 75 CENTIMES

PARIS

ERNEST LEROUX, ÉDITEUR

28, RUE BONAPARTE, 28

1875

L'AVENIR

DE LA RÉPUBLIQUE

PARIS. — IMPR. A. DUTEMPLE, RUE DES CANETTES, 7.

L'AVENIR
DE LA RÉPUBLIQUE

PAR

ISIDORE PELATAN

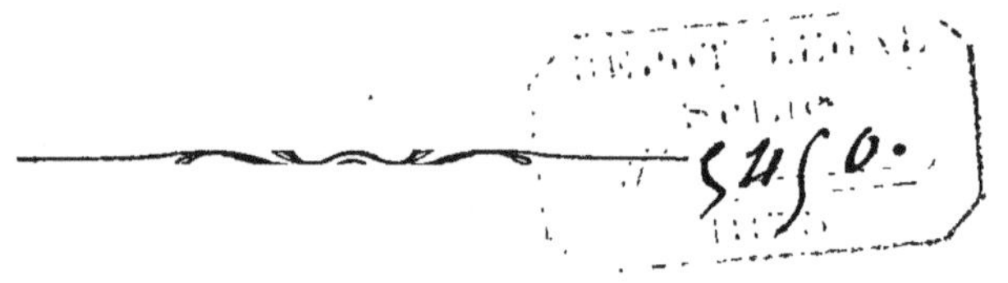

PARIS

ERNEST LEROUX, ÉDITEUR

28, RUE BONAPARTE, 28

—

1875

LETTRES A UN CONSERVATEUR

Alger, 1874.

Mon cher ami,

Chaque fois que je reçois une de vos lettres, l'envie me prend d'y répondre immédiatement, pour vous remercier d'abord, vous réfuter ensuite. Bientôt arrive la réflexion, la tristesse s'empare de moi et je me dis hélas! que vous avez trop souvent raison, trop souvent je suis de votre avis en maugréant, osant à peine me l'avouer à moi-même.

Cependant, il ne nous est pas permis d'abandonner la partie; il faut lutter quand même; il faut que cette minorité dont vous parlez, imperceptible selon vous, considérable selon moi, mais latente, parvienne à faire entendre sa voix; il faut que, lentement, avec fermeté, avec persévérance, chacun de ceux qui la composent, répande autour de lui les pensées de justice et de vérité, devant lesquelles l'homme le plus pervers s'arrête quelquefois pensif, épouvanté de lui-même.

Vous avez beau dire que c'est de la poésie! Si oui, c'est de la bonne, croyez-moi. Au fait, je voudrais bien savoir ce qu'il y a de possible sans la force morale, pour galvaniser, pour revivifier un peuple? Pourquoi les difficultés du présent, les sombres obscurités de l'avenir, ne pousse-raient-elles pas l'esprit d'un grand nombre d'hommes vers la recherche de l'indépendance, de la vraie liberté, seuls gages solides de sécurité pour les nations comme pour les individus? Mais voilà! chacun craint de se compromettre, chacun est jaloux de je ne sais quelle dignité de carton percée à jour comme un crible; l'hypocrisie, sous le nom euphémique de respect des convenances, joue un rôle immense parmi nous, le mensonge règne et gouverne. Bien des gens, je le crois, seraient disposés à s'agiter en vue du bien commun, mais à des conditions irréalisables.

Par le livre on pourrait beaucoup. Mais combien peu *savent* lire en France, et, parmi ceux-là, combien y en a-t-il qui lisent? On y lit si peu, que les bons livres vulga-risateurs sont encore à faire. Il en est de même pour la géographie. Les cartes qui se vendent sont, en général, déplorables et relativement coûteuses, parce que l'ache-teur fait défaut. Les bonnes, il y en a, sont peu connues et hors de prix. D'ailleurs, qui donc y songe? La France n'est-elle pas le nombril du monde pour la plupart de nos concitoyens? Il nous resterait le journal et la parole. Vous savez ce que l'empire a fait du journalisme, ce qu'en font aujourd'hui le cautionnement et l'état de siége. Privés de la liberté de la parole, empêchés de nous réunir pour nous occuper de nos intérêts, où pourrions-nous trouver les moyens de devenir libres et forts? Malgré tout, je ne con-sentirai jamais à désespérer de mon pays. Je suis un vieux Gaulois, un fils des bleus, nos pères en ont bien vu d'autres!.....

Alger, 1874.

MON CHER AMI,

Vous savez qu'en vous écrivant je pense tout haut, me laissant aller aux impressions du moment.

Aujourd'hui, je veux répondre, sommairement, aux accusations, fondées en apparence, que vous élevez contre les institutions de l'Amérique du Nord et les mœurs qu'elles produisent.

Prêtant l'oreille à des attaques quelquefois naïves, souvent intéressées, contre ces populations auxquelles le flot européen apporte incessamment des alluvions nouvelles, formées des éléments les plus disparates, vous criez à la décadence, vous pronostiquez la dissolution. Rassurez-vous.

Si sa prodigieuse activité, sa vitalité puissante, ses appétits formidables, son immense liberté ont exposé ce peuple à de graves dangers, n'est-il pas parvenu jusqu'ici à les surmonter par l'exercice de la liberté même? Quel enseignement pour nous, si nous savions le comprendre !

Le boulet catholico-césarien, que nous traînons depuis des siècles, alourdit singulièrement notre marche vers la vérité. Combien de fois, pour ma part, n'ai-je pas entendu sonner la ferraille infernale, combien de fois n'ai-je pas espéré vainement en avoir brisé le dernier anneau? Aussi, pour nous faire juge des mœurs de la liberté, nous qui conservons encore les mœurs de la servitude, devons-nous dépouiller le vieil homme, nous méfier de la bonne opinion que nous avons de nous-mêmes, rejeter enfin, comme un vêtement incommode et nuisible, les préjugés qui nous enveloppent. A ces conditions nous pouvons essayer.

Vous me parlez, avec indignation, des symptômes généraux, et, comme exemple, vous citez les scandales du Ring New-Yorkais. Il fallait ajouter que les principaux coupables s'étaient déjà fait justice, que d'autres avaient été sévèrement punis ; qu'une fois connues, ces ignominies ont soulevé l'union toute entière et ne pourront plus se renouveler de longtemps, grâce à la réaction de la conscience publique, libre et souveraine.

Il y a là un ressort d'une puissance incomparable, qu'hélas ! nous ne possédons pas encore.

Chez nous, les ignominies se perpétuent parce que le silence s'impose autour d'elles. Nous savons tous qu'elles existent, mais nous fermons les yeux, protégeant de nos lâchetés les plus honteux méfaits, dont il serait souvent dangereux de parler autrement qu'à voix basse.

Quand une nation a pu vivre vingt ans comme dans son élément, au milieu des miasmes de l'empire, un peu d'indulgence pour les autres ne lui messied pas.

Voyez défiler à tour de rôle devant nos tribunaux cette bande effrontée dont l'empire faisait ses pourvoyeurs, ses gardes d'honneur, ses ministres ! N'oubliez pas que l'impunité couvre les plus coupables et que beaucoup d'entre eux sont encore nos maîtres. M'accusez-vous de déclamation ? Ai-je besoin de citer les noms, de montrer du doigt les coupables ?

Ce qui se passe sous nos yeux, ce que nous subissons sans trop protester, est-ce possible en Amérique ? Non, cent mille fois non ! Pourquoi ? Parce que la liberté de la presse y est absolue, la liberté de réunion sans limites, parce que l'école y a fait des hommes, la liberté des citoyens.

Quelles que puissent être les défaillances, quels que soient les crimes des individus, dès que ces défaillances ou ces crimes sont connus, on entend gronder la voix du peuple, le châtiment apparaît menaçant.

En Amérique, la loi courbe toutes les têtes; en France, qui donc respecte la loi, sinon les faibles?

Souvent, il est vrai, les procédés ne ressemblent pas aux nôtres. Cette uniformité savante, qui recouvre tant de hontes et tant de misères, notre centralisation étouffante est inconnue aux Américains. Ils se meuvent, ils s'agitent, ils vivent eux-mêmes!... Parfois, s'il faut faire cent lieues pour trouver un shériff, des citoyens sans mandat, comme nous disons ici, prennent la liberté grande de saisir un criminel qui se sauve; le crime est-il trop odieux, un jury s'improvise, il juge et fait exécuter sa sentence. Si les Victor Hugo, les Schœlcher, les Baudin et les Madier-Montjau eussent été plus nombreux, la loi du Lynch aurait peut-être, malgré eux, fait justice des Bonaparte, des Morny, des Saint-Arnaud et de quelques autres. Le fait eût été regrettable, le procédé peu correct; mais nous n'aurions pas assisté, mon ami, à l'agonie morale de la patrie, et notre drapeau flotterait encore immaculé sur les murs de Strasbourg et de Metz!

Il faudrait un volume pour développer des idées que j'ai la prétention ridicule de traiter au pied levé. San-Francisco, bourgade en 1848, renferme déjà plus de deux cents mille habitants. La population de Chicago ne fait qu'augmenter depuis le grand incendie; ses maisons reconstruites sont des palais; j'ai de l'excellent vin rouge et du blanc de Californie dans ma cave; bientôt on viendra nous en offrir à Bordeaux.

L'émigration Alsace-Lorraine fuit notre chère Algérie, dont nous n'avons su faire qu'une caserne, pour aller se perdre dans le torrent américain, et vous parlez de décadence !.....

Les scandales du Ring, les tripotages des chemins de fer (n'y en aurait-il jamais eu en France?), laisseront à peine des traces ; la municipalité de New-York reconstituée, offrira désormais de plus solides garanties aux citoyens mis en éveil, et les compagnies de chemins de fer, rentrées dans le devoir, continueront leur marche vers le Pacifique. Entre-temps, la France sera mise à contribution par les grandes lignes, les chemins de fer d'intérêt local rentreront, bon gré mal gré, dans le giron de ces grandes dames ; nos voies fluviales et nos canaux resteront délaissés, l'exploitation de nos richesses minérales restera soumise à la loi anté-déluvienne de 1810, notre commerce, notre industrie, seront amoindris pour enrichir la crème des honnêtes gens, les élus de la classe dirigeante ! *All right !*

Alger, 1874.

Mon cher ami,

Le dernier mot de votre dernière lettre est celui-ci : Qu'est-ce qu'un radical?... La flèche du Parthe?...

Puisqu'ainsi le voulez, il faudra bien que je vous contente. Ce sera un peu long, mais à qui la faute? Ne savez-vous pas que je voudrais vous convertir? Un vrai républicain est un apôtre.

Entre mon notaire, mon ingénieur et mon avocat, hommes de suffisance, hommes de capacité, le temps me manque pour développer ma pensée, vous voudrez donc bien, pour aujourd'hui, vous contenter d'une simple entrée en matière, mais vous ne perdrez rien pour avoir attendu. D'ailleurs, la question est en permanence à l'ordre du jour, il importe d'y revenir, car au train dont vont les choses, chacun devra bientôt mettre une carte à son chapeau et affirmer son opinion. Il faut donc bien s'entendre, j'ai voulu dire bien s'expliquer,

Qu'est-ce qu'un radical, avez-vous dit?

La réponse est bien simple : Un radical, c'est un républicain sans épithète, c'est aussi le contraire d'un conservateur.

Que veut celui-ci?

A condition que rien ne vienne menacer ses intérêts, même les moins avouables, que rien ne puisse déranger ses projets d'ambition, toucher à son influence, faire ombrage à sa vanité, mettre obstacle à la domination qu'il exerce autour de lui, il acceptera, je me trompe, il subira la forme républicaine.

Pourvu que, chefs de la finance et de la grande industrie, les conservateurs gardent les monopoles et les priviléges dont ils jouissent, au moyen des lois faites par eux ; pourvu qu'ils tiennent dans leurs mains la direction, non-seulement de la richesse mobilière, mais encore celle du travail, par conséquent la production et la consommation elle-même, pourvu que l'instruction, j'allais dire l'ignorance publique, soit sous leur garde, que l'administration de la justice leur appartienne, qu'ils commandent l'armée, qu'ils remplissent les préfectures et qu'ils tiennent les clefs du confessionnal, pourvu que, sous toutes les formes, ils puissent rester les maîtres et se partager le plus clair de l'épargne accumulée par le labeur, par les privations de l'immense majorité, ils supporteront une république, complice de leurs iniquités, esclave de leurs convoitises, en attendant la monarchie, objet de tous leurs vœux.

Protecteurs de la famille, vous savez ce qu'ils en ont fait, les exemples donnés à leurs fils, l'avenir qu'il leur ont préparé !

Amis de la propriété ! je le crois bien ! Les conservateurs, depuis soixante-quinze ans, ont mis une énergie indomptable à cultiver la fortune publique au bénéfice de leur propriété privée !

Défenseurs de la religion, ils croient à peine en Dieu, leur conduite le prouve. La religion, toujours respectable quand elle est sincère, n'est pour eux qu'un instrument de domination. A eux seuls, ils ont plus fait pour la démoralisation du pays, que n'auraient jamais pu le faire les doctrines des réformateurs les plus échevelés.

Cette esquisse bien incomplète, convient-elle à tous les conservateurs ? A Dieu ne plaise que ce soit là ma pensée ! Mais, la main sur la conscience, interrogez le passé, regardez autour de vous, et dites-moi si je m'égare.

Bon nombre d'hommes, je le sais, obéissant à des habitudes d'esprit timides, prennent leurs préjugés pour des axiomes et sacrifient au principe divin d'autorité, principe dont la triste influence a retardé de dix ou quinze siècles la marche de l'humanité.

Ces hommes sont honnêtes, mais, façonnés au moule gouvernemental dans lequel le premier Bonaparte, et avec lui, les renégats de la liberté ont comprimé la France, ces hommes sont épouvantés à la pensée de voir le moule se briser. Ils sont bons d'ailleurs, seulement ils craignent la foule de leurs études classiques, ils ont surtout retenu ce mot d'Horace : *Odi profanum vulgus et arceo...*, mettant en oubli la grande parole du Nazaréen : *Sinite parvulos venire ad me!... Parvulos!* les petits, les faibles, les opprimés, les ignorants!

Ceux-ci, pourquoi les détester, pourquoi les craindre? Ce sont nos fautes qui nous les font redoutables. Certes, si nous avions justifié, par d'éclatants services, le droit que nous nous sommes arrogé de les conduire, il pourrait y avoir quelque apparence de raison à prétendre les dominer encore, mais on en est à se demander s'il leur serait possible de se diriger plus mal que nous ne les avons dirigés nous-mêmes.

J'espère avoir été assez clair pour vous donner une idée nette de ce que peut bien être le conservateur tel que je le comprends; le portrait n'est pas flatté. Est-il ressemblant? Vous en jugerez.

Un de ces jours j'essayerai de vous dire ce qu'est, pour moi, ce que doit être un radical, c'est-à-dire un républicain.

Boufarick 1874.

CHER AMI,

Puisque vous êtes, à bon droit, partisan de la liberté de la presse, que l'on pourrait appeler la respiration de l'intelligence et de la conscience humaine, quel si grand besoin avez-vous d'une nouvelle loi pour l'étouffer, avec le désir de la protéger?

Ne serait-il pas plus simple de supprimer toutes les lois sur la presse?

Une injure, une diffamation, une calomnie, une atteinte à la paix publique, tout cela ne tomberait-il pas sous le coup de la loi commune parce que c'est imprimé? Le délit étant d'ailleurs plus grand, à cause de la publicité du journal ou du livre, le jury, véritable représentant de l'opinion, n'est-il pas seul capable de faire prompte et bonne justice?

Je ne hausse pas du tout les épaules, il s'en faut, en présence des menées cléricales; plusieurs fois déjà, il m'est arrivé de vous dire qu'elles faisaient bien du mal à notre pauvre pays, mais je ne puis partager vos craintes au point de croire au succès prochain du Chambord et de ses caudataires. Il y a loin de la coupe aux lèvres. Peut-être suis-je mal placé pour étudier la plus grave de nos maladies chroniques, l'êtes-vous mieux à X...?

Le Bonapartisme est, pour le moment, plus redoutable; la démoralisation, l'audace de ses souteneurs, leur action sur les masses dont ils cherchent à exploiter les mauvais instincts, donnent à ce parti déshonoré une certaine puissance qui, au moyen de complicités toujours à craindre,

pourrait devenir dangereuse. Mais les républicains consi-
déreraient son troisième avènement comme une menace
pour l'existence même de la nation, et ils se sentent assez
forts désormais pour barrer le passage au proxénétisme
césarien.

Le Socialisme, dont vous me parlez aussi, n'est plus ce
qu'il fût sous le règne de Louis-Philippe et au moment
de la révolution de février. Les diverses sectes socialistes
proprement dites, ont fort peu d'adhérents, et les formules
toutes faites dans lesquelles on voudrait parquer l'humanité
sous prétexte de la rendre heureuse, sont singuièrement
démodées. Mais vous savez combien est récente la science
économique, et, mieux que moi, vous connaissez la valeur
de la science officielle. Qu'a de commun avec la liberté,
la théorie des monopoles à outrance? Notre mouvement
agricole, industriel, commercial, politique, peut-il rester,
sans grave danger, sous la main de quelques centaines
d'individus qui, directement ou indirectement, dominent
le pays? Est-ce que ces hommes n'ont pas donné la mesure
de leur intelligence par le système d'impôts qu'ils ont
patronné? Ils en sont arrivés à monopoliser les allu-
mettes! demain ils monopoliseront la chaussure, après-
demain le vêtement! C'est insensé! Et vous voudriez
forcer les jeunes intelligences à se claquemurer dans ce
Bicêtre économique?

Non! l'œuvre critique du socialisme est à peu près
terminée. Pendant trente ans, il a démoli pièce à pièce
l'économie bourgeoise, que l'on appelle, fort mal à propos
selon moi, économie malthusienne. Le dernier, le plus
grand des démolisseurs, Proudhon, vient de mourir.

Aujourd'hui, le socialisme transformé se compose de
diverses écoles qui, par des voies différentes, sont à la
recherche des lois naturelles auxquelles doit obéir le

travail, ainsi que la distribution de son produit. Leurs efforts, unis à ceux du passé, ont déjà permis de poser les bases d'une science destinée à grandir tous les jours, pourvu que, appuyée sur l'expérimentation, elle ne mette jamais en oubli le principe moral et souverain de la solidarité humaine.

Oh ! je n'ignore pas qu'un prétendu socialisme s'agite dans les rangs des plus déshérités, parmi les travailleurs des villes et des campagnes. Si c'est de celui-là que vous entendez parler, d'accord : oui, si la forme républicaine succombe une troisième fois sous les haines et les convoitises d'une coalition monarchique, il n'est pas impossible que des meneurs criminels mettent aux mains de foules inconscientes le drapeau détesté de la démagogie césarienne. Voilà le drapeau que nous redoutons vous et moi ! la Prusse nous regarde et attend !...

Paris, 1875.

J'ai tracé pour vous, à grands traits, à coups de sabre, pourrais-je dire, le portrait du conservateur tel que je le conçois, tel que nous l'avons vu à l'œuvre depuis trop longtemps. Il me reste à remplir la partie, non la plus difficile, mais la plus étendue de la tâche que vous m'avez imposée.

C'est, en effet, la définition du radical ou du radicalisme que je vous ai promise, en caressant l'espoir de conquérir, à la cause républicaine, un excellent esprit et un cœur droit.

Il me faut, pour cela, remonter un peu haut, mais ne craignez rien, je n'irai pas jusqu'au déluge.

Après les effroyables désastres, sous lesquels d'autres nations auraient succombé peut-être, la France, qui ne veut pas mourir, affirme énergiquement sa vitalité.

Avant tout elle veut l'ordre, mais l'ordre par la liberté et par l'égalité,

La liberté, pour nous républicains, c'est le respect du droit poussé jusqu'au scrupule, c'est l'obéissance aux lois que nous avons faites ou consenties, c'est le développement indépendant des facultés physiques et morales de l'homme, dans toutes les manifestations légitimes de son activité.

L'égalité, c'est la répartition équitable des devoirs et des droits, la responsabilité sérieuse, effective de chacun, l'instruction à la portée de tous.

La liberté crée l'ordre, l'égalité le maintient.

Notre race, dont l'intelligence est si vive, dont les aspirations sont si élevées, ne doit pas ignorer plus longtemps les conditions qui, seules, peuvent rétablir la sécurité dans nos esprits, assurer la paix dans nos cités.

Il faut dire à ce peuple que là où elle n'est pas nulle, son instruction est insuffisante; que son éducation sociale repose presque entièrement sur le respect de la force, sur la crainte du châtiment.

Il faut lui dire que nul n'est maître de sa destinée, lorsque, enchaînée par l'ignorance, sa volonté ne lui appartient pas; il faut enfin lui dire que, depuis des siècles, le plus pur de son sang a coulé, trop souvent inutile, pour l'œuvre de rédemption réservée à la science de ses fils.

L'équilibre, la pondération intellectuelle et morale n'existe plus entre les diverses parties du corps social; la désagrégation, parmi nous, est manifeste, la solidarité, cette incomparable puissance, menace de devenir un vain mot, et le monde, étonné, a pu reprocher à la France de s'être courbée trop vite sous les fourches caudines de la haine germanique.

Parce que la franc-maçonnerie judaïque et financière de l'Europe a flairé des bénéfices inouïs, et s'est ruée sur l'emprunt des trois milliards avec un ensemble prémédité; parce que l'intérêt de six pour cent a fait sortir de tous les bas de laine des économies longuement accumulées, on dirait vraiment que la France a déjà pris sa revanche, qu'elle n'a jamais eu de généraux traîtres ou ineptes; on dirait que les magistrats, membres publiquement flétris, des commissions mixtes, au lieu de disposer chaque jour de nos fortunes, de notre honneur et de nos vies, ont reçu le châtiment réclamé par la conscience publique; on dirait que Paris n'a pas quarante mille enfants auxquels les portes de l'école ont été fermées jusqu'ici; on dirait enfin que les populations pauvres et laborieuses de la

République commencent à dépouiller le lourd manteau d'ignorance qui les opprime, les livrant impuissantes, quelquefois dégradées, à la merci des classes dirigeantes !...

Chacun se félicite, avec raison sans doute, du succès que son crédit et le patriotisme habile d'un illustre citoyen ont valu à la France. Le résultat de l'emprunt porte, en effet, très-haut, le sentiment de confiance qu'inspire la solidité, la loyauté nationale; mais j'aurais souvent désiré plus de mesure dans l'expression de notre douloureux orgueil.

Le vaincu devait-il oublier un moment les causes de l'emprunt ou détourner sa pensée des causes de la défaite? l'Alsace et la Lorraine, violemment séparées de la patrie commune, ne nous disent-elles pas que cet or si prompt à se répandre pour payer une rançon humiliante, eût été mieux employé à la défense de la terre française ?

Nous avons la paix du démembrement et des cinq milliards; nous avons, à notre service, le génie de grands économistes, restreignant la production et la consommation pour développer la richesse; nous avons des défenseurs de l'ordre, dont la sévérité fera époque, et pourtant l'avenir, à beaucoup d'entre nous, paraît sombre et menaçant. Pourquoi ?

C'est parce que le sentiment de la conservation est instinctif, et que, l'ignorance du peuple, en se prolongeant, deviendrait peut-être aussi redoutable que l'imbécilité, l'infatuation ou la scélératesse de ceux qui furent ses oppresseurs et cherchent encore à le devenir.

La nationalité française serait donc elle-même en péril, s'il ne nous était permis de compter, dans un temps prochain, sur l'intelligence cultivée, sur la volonté ferme, parce qu'elle sera raisonnée, de la majorité du pays.

Paris, 1875.

Le sentiment de notre dignité, le souci de nos intérêts, nous conseillaient l'institution républicaine, la logique du suffrage universel nous l'impose.

La forme républicaine se prêtant à toutes les modifications que peuvent exiger les progrès de la raison publique, offre seule les garanties d'ordre et de stabilité indispensables dans une société qui cherche la justice, qui s'est donné la mission difficile d'étudier sans relâche, en vue de leur application progressive, les lois de la production et de la distribution des richesses, le difficile problème du travail dans ses rapports avec le capital.

Le travail et l'école!... Voilà donc ce qui doit nous servir à dissiper les nuages soulevés par la question sociale, question dont le parasitisme et la mauvaise foi ont fait un épouvantail pour la foule abusée.

Mais l'instruction gratuite et obligatoire, que nous demandons, épouvante tous les monopoles.

Les monopoles ont un profond respect pour le droit à l'ignorance, ils en vivent!... La France a failli en mourir.

Parlons-nous d'instruction laïque, le clergé se dresse devant nous, le concordat à la main.

Ici, la question s'assombrit.

Depuis des siècles, malgré ses philosophes, ses savants, ses martyrs, la France est courbée sous la théologie; fidèle à son principe, l'autorité divine, le dogmatisme religieux fut, en tout temps, disposé à renvoyer ses adversaires devant Dieu, leur juge naturel; fidèle à la force, son principal appui, il eût toujours des *te Deum* pour les Saint-Barthélemy et les Deux-Décembre de l'histoire.

Maître presque absolu, depuis vingt ans, de l'instruction des masses, par ses puissantes congrégations, par son action légale sur nos écoles, par le catéchisme, quels résultats a-t-il obtenus? quels services a-t-il rendus? qu'a-t-il fait de nos populations?

Pourquoi, serviteur zélé du pouvoir et de la richesse, le voit-on, partout où il domine, traîner à sa suite l'ignorance et la servitude?

Assurément, le plus grand respect est dû aux droits de la conscience humaine, dont le sentiment religieux est la manifestation la plus éclatante.

Ce respect s'appelle la liberté! Mais, par sa nature même, il s'oppose à ce qu'on puisse en faire un privilége en faveur d'une catégorie de citoyens et d'une croyance particulière.

L'église, le temple, la synagogue, la mosquée, c'est là le domaine du prêtre. Il y enseigne, en pleine indépendance, ce qu'il croit être la vérité, à tous ceux qui, librement, viennent l'entendre. Sorti de l'enceinte vénérée par les fidèles, il doit rentrer dans les rangs des autres citoyens.

Imposé par Bonaparte à la France soumise, à Rome épouvantée, le concordat fut l'œuvre la plus néfaste. C'est le concordat qui a fait sortir notre malheureux pays de la voie du progrès, dans laquelle il était glorieusement entré à la fin du xviiie siècle.

Dès le jour où fut signé ce traité, à jamais déplorable, l'essor de la liberté fut comprimé parmi nous.

Aussi, avec quel soin pieux la Restauration, la Royauté bourgeoise, le second Empire, n'ont-ils pas conservé ce puissant instrument de domination!

Que nous veut encore le concordat?

La France *gallicane* avait traité avec le souverain temporel de Rome en même temps qu'avec le chef spirituel du catholicisme.

Le premier n'existe plus.

Le second, en proclamant son infaillibilité, n'a-t-il pas déchiré le contrat qui nous liait à lui?

L'alliance du sacerdoce et de l'empire favorise le despotisme, trouble le véritable ordre moral, fait obstacle au progrès. Elle donne au prêtre une autorité dangereuse qui, dans l'ordre civil, ne saurait lui appartenir; elle permet à l'État, par une insigne et coupable usurpation, de toucher à la conscience du citoyen.

Ces deux pouvoirs, d'origine si différente, dont l'union, depuis Constantin, a été si funeste au monde, doivent être séparés pour ne jamais plus se réunir.

Paris, 1875.

Il existe en France plusieurs millions de travailleurs des deux sexes, déshérités jusqu'ici de toute instruction sérieuse. Nous voulons pour eux d'abord : l'enseignement primaire gratuit, obligatoire et laïque ; plus tard, nous voudrons plus et mieux.

Ce n'est pas seulement le suffrage universel qui l'exige, c'est la moralité de la nation, c'est aussi le soin de notre richesse agricole, industrielle et commerciale, dont une infériorité relative compromettrait bientôt l'avenir.

L'éducation du peuple par la famille responsable et par l'école ; celle-ci sous la direction du département et de la commune, contrôlés, pendant quelques années encore, par les grands pouvoirs de l'État, tel nous paraît devoir être le point de départ des transformations que doit subir le principe d'autorité patriarcal et monarchique, pour faire place au principe de l'autorité consentie, fille de la justice et de la liberté.

Au nom de la justice et de la liberté, le travail se lève, posant, sans amertume mais avec fermeté, ses légitimes revendications.

L'histoire du travail, depuis la Révolution qui devait ouvrir l'ère de son émancipation, est triste, elle est douloureuse, malgré les progrès rapides de la science et de l'industrie, qui souvent nous étonnent et font parfois illusion à notre jugement.

Nos premiers législateurs à la Constituante avaient bien compris que l'émancipation même incomplète du travail, l'extrême division de la terre, l'industrie grandissante, les droits politiques rendus aux citoyens, réclamaient avant tout, un fort enseignement populaire.

Sur le rapport de Talleyrand, vous le savez, la grande Assemblée vota l'organisation d'une instruction publique, élémentaire, gratuite et commune.

Condorcet, afin que l'égalité devint bientôt un fait, aurait voulu l'enseignement à tous les degrés.

La Convention décréta une école primaire par mille habitants et punit l'ignorance par la privation des droits civiques. Chaque école devait être divisée en deux sections ayant, l'une un instituteur, l'autre une institutrice, aux appointements de douze cents francs chacun.

Qui saura jamais à quel degré de splendeur morale et de prospérité matérielle nous serions parvenus depuis quatre-vingts ans, si ces décrets eussent pu recevoir leur application ?

Mais les éternels ennemis du peuple veillaient et le crime de Brumaire vint anéantir ces nobles espérances. Là où devait s'élever l'école, surgit la caserne ; le travailleur fit place au soldat, le volontaire de 93 devint, hélas ! un prétorien.

Le génie du Corse, ce grand démoralisateur, ne pouvait s'y méprendre. L'instruction du peuple aurait mis le despotisme en péril. Le despote n'eut que haine et mépris pour l'instruction de ceux qu'insolemment il appelait *son peuple*.

Ainsi fut arrêté le magnifique mouvement d'ascension des classes laborieuses initié par la Révolution, mouvement qui, en dix ans, avait accru la population et divisé la propriété dans des proportions inouïes.

Bientôt, une concurrence anarchique, produit d'une liberté factice, pleine de restrictions et d'abus, souleva la marée montante des fraudes commerciales, pendant qu'une malheureuse exploitation de l'enfance et de la jeunesse, sous le nom d'apprentissage, diminuait la valeur morale et professionnelle de l'ouvrier.

Des lois protectrices de la grande propriété, hostiles à la petite, ont fait obstacle à l'amélioration des procédés de culture, amélioration à peu près impossible sans la facilité d'emprunter et sans l'association éclairée des petits cultivateurs. Plus tard, l'agglomération des populations ouvrières autour des grandes usines, dans les conditions déplorables que nous connaissons tous, a créé, au sein de la douleur et de l'ignorance, la nombreuse armée de la misère et de la haine, l'armée du paupérisme.

Cependant, la bourgeoisie s'emparant de toutes les positions, par les lois qu'elle faisait elle-même, par l'instruction officielle réservée à ses fils avec un soin jaloux, réunissait, dans ses mains, tous les ressorts de la puissance sociale, fondait cette féodalité gouvernementale et industrielle qui, sous l'apparence d'une prospérité croissante, cache, aux yeux du plus grand nombre, les plaies du pays, l'exposant ainsi à d'incalculables dangers.

La classe dirigeante, c'est le nom qu'elle s'attribue par ses représentants les plus autorisés, a méconnu les plus simples notions de justice commutative; oublieuse des droits du prolétariat, elle a toujours exagéré les siens; foulant aux pieds, tout en les proclamant, les grands principes de la Révolution, elle a tout sacrifié à l'amour du pouvoir, à la crainte de le partager.

Lorsque le mouvement de février triomphant rendit à la nation les droits civiques usurpés sur elle, il fallait se hâter de soustraire les travailleurs aux périls de l'ignorance. Élevés par les bienfaits d'une instruction solide à la dignité d'hommes libres, l'enseignement professionnel venant en aide à l'enseignement scolaire, les travailleurs auraient vu leur horizon s'élargir ; connaissant leurs droits et leurs devoirs, sachant remplir ceux-ci et défendre ceux-là, ils n'auraient jamais subi ni les hontes de l'Empire, ni les douleurs de l'invasion, ni les luttes fratricides !

Mais, à la lueur sinistre de nos désastres, le peuple commence à s'éclairer, les prolétaires de nos villes, les durs ouvriers de nos campagnes, savent enfin qu'en exerçant pacifiquement leur droit de suffrage, l'avenir est à eux. Un jour, ils ont entendu ces mots échappés à un vieillard, dans le palais de Versailles : « Restons les maîtres !... » Ils ne les ont pas oubliés. Eux n'oublient rien, mais ils savent pardonner.

Ils ont entendu parler d'un gouvernement de combat. Que leur importent ces éclats d'une colère impuissante ?

La France, désormais républicaine, veut, pour ses enfants des écoles, pour ses adultes du travail, pour tous la concorde et la liberté.

Qui donc ose parler de combat ?

Depuis quatre ans, maîtresses de la situation, qu'ont fait les classes dirigeantes pour l'instruction, le travail, la concorde et la liberté ?

Paris, 1875.

Bonnes ou mauvaises, les lois sur la réorganisation de l'armée sont votées. Chacun s'incline, tout le monde obéit; la loi et le patriotisme commandent. Mais confier des masses ignorantes à des chefs insuffisants, serait-ce le moyen de relever la patrie, de la rendre redoutable à ses ennemis?

On l'a déjà dit, on ne saurait trop le redire : Ce sont des hommes qu'il faut à la France, non des bacheliers de serre chaude, élevés sur les genoux de l'église ou dans les carrefours étroits de la routine universitaire.

Chez nous, dans l'enseignement comme partout ailleurs, la liberté manque, le monopole et le privilége règnent, la décadence les suit.

Un de ces jours, si vous le voulez bien, nous étudierons ensemble la grosse question des diplômes. Les diplômes! on paraît ne pas se douter de ce qu'ils nous coûtent; ils ont créé le mandarinat qui aura raison du pays, si nous n'y mettons bon ordre. Mais revenons.

L'enseignement primaire, tel qu'il est donné dans nos campagnes, trop souvent dans nos villes, ne soustrait pas les populations à l'ignorance.

L'enseignement professionnel, dont relève en partie l'avenir du travail, est à l'état embryonnaire.

L'enseignement secondaire nous prépare des médecins, des avocats, des polytechniciens et des plumitifs médiocres, mais cirés, vernis, enluminés, dorés sur tranche, remarquables surtout par les prétentions et les appétits.

L'enseignement supérieur, malgré l'éclat de quelques

renommées justement acquises, mais absorbantes au suprême degré, se trouve, chez nous, dans un état d'abaisse-
ment qui n'est plus guère contesté, et dont les causes sont
trop connues.

A quoi bon l'étude, le travail, le devoir, quand l'intri-
gue, la corruption, le servilisme, dominaient parmi nous?

Pouvait-on édifier des laboratoires, réunir des instru-
ments coûteux, rétribuer largement de savants profes-
seurs, quand les millions, par centaines, allaient s'engouf-
frer dans les entreprises de casernes, de préfectures, de
palais pour les généraux; quand s'élevait, aux frais de
tous, pour les plaisirs de quelques-uns, l'insolente folie de
l'Opéra, quand rien ne suffisait plus à combler le gouffre
creusé par l'impériale orgie?

Permettez-moi de m'arrêter un instant sur cette question de l'enseignement supérieur, qui soulève tant de co-
lères.

Quel est le *desideratum* des républicains? Arriver le
plus promptement possible à la liberté la plus large. C'est
une question de mesure, surtout de loyauté, mais si les
passions interviennent, la discussion s'égare.

Voyez, au sein de l'Assemblée, l'infaillibiliste Dupanloup,
oublieux de son gallicanisme d'Antan, le goupillon d'une
main, le syllabus de l'autre, exorciser l'histoire;

L'éloquent Challemel-Lacour, pour échapper à l'étreinte
cléricale voiler la liberté, dont il se dit le fervent adora-
teur;

L'éclectique Paul Bert, voulant concilier les droits de la
science et les prétentions du dogmatisme, le feu et l'eau;

Le doux Laboulaye, se plaignant de sa naïveté plébisci-
taire, le pauvre homme, et demandant à expérimenter de
nouveau... *faciamus experimentum*...

Aucun de ces orateurs, si remarquables à divers titres, n'a voulu mettre le doigt sur la plaie.

Sur un seul point ils sont unanimes : l'enseignement supérieur est dans un état lamentable, il importe d'aviser. Ecoutez les cléricaux : « La liberté répond à tout. Avec la libre concurrence, nous élèverons le niveau des études à des hauteurs inconnues. Foin du privilége universitaire qui paralyse notre influence morale et arrête le développement de la vraie science, dont le dépôt nous a été confié. L'argent vous manque, dites-vous, mais notre dévouement saura y suppléer. Nous mettrons nos ressources au service de ce grand intérêt national. Oserez-vous nous refuser d'en faire un si noble usage, quand nous vous demandons à exercer un droit qui est le nôtre, le droit d'enseigner? » C'est parler d'or !

Supprimez le concordat, séparez l'église de l'Etat, rendez-nous la parole sans exception, sans privilége, nous acceptons la lutte.

Jusqu'ici, nous sommes tous rivés à la chaîne concordataire. Les évêques, à l'exemple d'Esaü, ont vendu leur droit d'aînesse pour la sportule budgétaire, décorée du nom d'indemnité. Indemnité!......

Depuis, foulant aux pieds les souvenirs de l'église gallicane, qui ne fut pas sans gloire, ils ont tourné leurs regards vers la Rome pontificale, prêts à obéir à son moindre signal.

Liés désormais par le dogme de l'infaillibilité et par le *Syllabus*, adversaires obligés de la société civile telle que nous l'avons constituée, telle que nous la voulons, volontairement étrangers aux grands et difficiles devoirs de la famille, ainsi qu'au premier devoir du citoyen, la défense du sol, comment, docteurs convaincus de la servitude volontaire, enseigneraient-ils à nos fils la science de la liberté?

Ces importants personnages, enivrés de l'encens qui brûle autour d'eux, vivant dans un monde de séminaristes, de dévotes, j'ai presque dit d'adorateurs à genoux, trompés peut-être par les formes d'une déférence excessive, que l'usage autorise au point de l'imposer, semblent ne rien comprendre à la force irrésistible d'un mouvement social, qu'ils ont le fol espoir de maîtriser.

On insulte la Révolution devant laquelle a disparu à tout jamais la France des rois, des nobles et des prêtres, pour faire place à la France de la démocratie. On va jusqu'à menacer cette Révolution, dont plus de trente millions de Français se disent respectueusement les fils, parce qu'elle a voulu la justice.

Au fond, quelles que puissent être les apparences, malgré des excitations tout-à-fait artificielles, la France est anti-cléricale ; toutefois le péril est grand, l'intérêt de premier ordre, la question souveraine.

Appuyée sur ses priviléges concordataires, sur les richesses qu'elle sait se procurer, sur la liberté de l'enseignement supérieur, la milice pontificale pourrait bientôt dire : « Silence au professeur, silence au savant, la parole est au prêtre! »

Paris, 1875.

Cette question de l'enseignement nous tient trop à cœur pour que vous regrettiez de m'y voir insister.

La liberté, mais la liberté vraie, tout privilége ayant été préalablement aboli, donnerait satisfaction suffisante aux exigences de l'enseignement supérieur et de l'enseignement secondaire.

Que si l'État croyait encore, à tort selon nous, devoir retenir dans sa main les grands établissements d'instruction qu'il dirige si mal à notre gré, l'enseignement libre, soutenu par la puissance de l'association, nous apprendrait bientôt ce que vaut l'État comme éducateur.

L'enseignement professionnel soulève une des questions les plus graves. D'excellents esprits voudraient le confondre avec l'enseignement primaire, tout en réservant l'avenir ; nous croyons cette idée peu praticable en ce moment.

L'État, par l'organisation des écoles d'art et métiers et de quelques autres institutions, a ouvert la voie, donnant ainsi la mesure de ce qu'il pouvait et devait faire en ce sens. Il a rempli son rôle n'initiateur, il doit s'arrêter, laissant le champ libre à l'association.

C'est aux travailleurs qu'il appartient de se reconnaître, d'opérer entre eux une sélection intelligente, et, par la coopération, de donner à l'enseignement professionnel les formes diverses qu'il comporte, eu égard aux besoins variés des industries nombreuses auxquelles il se rattache.

Il ne pourrait en être ainsi pour l'enseignement primaire. Il importe avant tout que l'école, si longtemps négligée, presque dédaignée, prenne la place qui lui appartient. Or l'État, de nos jours, est seul assez puissant pour donner à l'enseignement du peuple le développement nécessaire, et le gouvernement républicain seul capable de comprendre (le passé en fournit la preuve) toute l'étendue de ses devoirs en ce sens comme de les remplir.

Le dévouement de notre corps enseignant n'est pas douteux, mais il a subi, lui aussi, l'action énervante du césarisme. Rien n'a été fait peur l'élever à la hauteur de la tâche que nous voulons lui voir accomplir. Cependant, parmi les maîtres dont l'instruction peut paraître insuffisante, bien des hommes, jeunes encore, pourraient rendre de plus grands services, si, leur offrant une situation honorée et convenablement rétribuée, on leur facilitait les moyens de s'en rendre dignes par le travail et l'étude. Il est aussi permis de croire qu'un appel fait à la jeunesse intelligente serait entendu, quand celle-ci verrait s'ouvrir devant elle une carrière utile entre toutes, indépendante et respectée.

Enfin, pour donner, aux instituteurs, des auxiliaires qui leur manquent souvent, mais surtout dans un intérêt de haute moralité, pourquoi les aspirants à certaines fonctions publiques ne seraient-ils pas astreints à un surnumérariat pédagogique?

Dans l'état de nos mœurs, dites-vous, pareille mesure soulèverait bien des susceptibilités. C'est possible. Évidemment ceux qu'elle pourrait blesser n'en comprendraient pas la portée. Quelle meilleure garantie à offrir au pays par ceux qui aspirent à le servir? Ce surnumérariat fécond ne mettrait-il pas en lumière le zèle, l'intelligence, l'esprit d'ordre et de discipline d'un candidat?

Les populations se feraient alors une juste idée de la haute mission que l'instituteur remplit au milieu d'elles, et les auxiliaires devraient, aux qualités déployées par eux, l'autorité morale indispensable aux hommes investis de fonctions publiques.

Cette simple mesure, d'une exécution facile, porte en germe la conciliation des esprits, la fusion des classes, l'harmonisation des intérêts.

Quelques hommes dévoués, quelques noms, parmi ceux dont la France républicaine a appris le respect, suffiraient pour fomenter en ce sens une agitation pacifique, ils parviendraient peut-être à entraîner le pays tout entier.

Une dernière considération. En rendant le service militaire obligatoire, la loi a créé le privilége considérable du volontariat d'un an. Imposer une deuxième année d'épreuves aux jeunes gens qu'attire la carrière des emplois, ne serait-ce pas un moyen honorable de rentrer dans les voies de l'égalité?

Vous pourriez, avec raison, m'accuser d'imprévoyance si je laissais dans l'ombre la question budgétaire ; je crois quelle peut être résolue. Vous m'en direz votre sentiment.

L'Assemblée nationale a subi le démembrement de la France, elle a inscrit au grand-livre quelques centaines de millions pour acheter la paix. Je constate sans apprécier.

Le budget sera bientôt en équilibre, le revenu reste à peu près intact, le capital de même. Enfin de compte qui payera? Le travail.

Cent millions d'économies sur le parasitisme sont-ils possibles?

Les parasites exceptés, qui en doute?

Resterait donc à demander au capital ou au revenu cent

millions pour porter à une somme double le budget de l'enseignement, le budget du salut !

Ce budget représenterait, en dix ans, une somme de deux milliards, au moyen de laquelle la plus value annuelle de la production générale du pays dépasserait un milliard de francs.

Est-ce une témérité de l'affirmer?

Je me tais sur le progrès moral obtenu, et cependant je vois déjà la virilité intellectuelle rendue à la jeunesse, je vois la France retrouvant ses enfants dignes d'elle.

Le canton de Zurich, en Suisse, dépense annuellement pour l'instruction environ 5.50 par tête. L'Union américaine en est arrivée à dépasser de beaucoup cette somme.

Il y a lieu de remarquer que, dans ces deux pays, l'enseignement, organisé depuis des années sur de très-larges bases, possède un matériel important, un personnel pédagogique, hommes et femmes, d'une valeur incontestable. Chez nous, au contraire, ce qui existe est incomplet. En outre des améliorations à introduire, il y aurait beaucoup à créer. D'où il suit que le chiffre de deux cent millions est relativement inférieur à la dépense que s'imposent les deux républiques, dont il nous importe d'imiter l'exemple.

Je crois en avoir assez dit pour que les difficultés, déclarées insolubles jusqu'à ce jour, perdent, à vos yeux, le caractère fatal que leur attribuent beaucoup de gens intéressés ou prévenus.

La ville de Paris, écrasée par une situation financière inouïe, a pu, grâce à la sagesse et au patriotisme d'un conseil municipal élu, créer des ressources inespérées à l'instruction d'un grand nombre de ses enfants.

Il est déjà permis d'entrevoir le moment où les groupes scolaires seront assez nombreux pour que les enfants des plus déshérités puissent participer aux bienfaits de l'instruction primaire.

La démonstration est faite, il s'agit de vouloir, mais il faut vouloir fortement. Ce qui est possible, ce qui sera bientôt une réalité dans Paris, ne saurait être impossible dans le canton le plus reculé de la France.

Nos législateurs se sont-ils jamais demandé combien de gendarmes remplaçait un maître d'école?

Soyez sévère pour mes idées, je le veux bien; mais, pour Dieu, ne les condamnez pas sous un vain prétexte de *nouvelleté*, et ne criez pas à l'utopie pour vous éviter la peine de chercher des arguments plus sérieux.

Paris, 1875.

J'espère vous avoir démontré que le développement régulier des institutions républicaines ne peut avoir lieu sans que l'école, libre de toute influence cléricale, en soit la base, sans que les droits du travail soient garantis, sa liberté respectée.

Aussi ai-je dû placer en première ligne ces deux grands intérêts, objet constant de nos méditations. Mais il est d'autres questions fort graves, sur lesquelles les républicains ont, dès longtemps, établi une entente commune.

De tous les droits de l'homme, le plus précieux, celui dont il n'est dépouillé que par la force ou par l'artifice, c'est le droit d'exprimer librement sa pensée, de se réunir avec ses semblables, de s'associer avec eux. Ce droit, inhérent à la nature humaine, inséparable de l'exercice légitime de nos facultés, préexiste à toutes les constitutions, il ne peut être amoindri par elles sans usurpation.

Toutes les tyrannies ont isolé les hommes, toutes ont fait, par la peur, le silence autour d'elles.

A l'isolement, au silence, à la crainte, nous opposons le bruit du forum, le mouvement des réunions libres, la lutte pacifique mais énergique des opinions.

Des moniteurs patentés ont persuadé à beaucoup d'esprits facilement crédules, que les salutaires agitations de la liberté menaçaient le repos public et les plus respectables intérêts.

Quel mépris ou plutôt quelle ignorance de leur droit n'a-t-il pas fallu inspirer aux hommes, pour qu'il soit possible

de les voir encore effrayés par les objurgations menson-
gères de quelques sycophantes!

Si l'autorité de la loi est impuissante à défendre chacun
de nous, si la protection du jury ne suffit pas à l'ordre
menacé, à la morale outragée, aux droits méconnus du
citoyen, quel sera donc notre refuge?

Nous savons pourtant, l'histoire nous l'enseigne, que les
excès de la liberté sont contenus par la liberté même, et
nous avons appris ce que devient un peuple soumis à la
tyrannie d'une caste, au despotisme d'un seul, au sabre
d'un soldat!

Magistrats choisis par le pouvoir, prétoriens de la solde,
lévites du vatican, condottieri du fonctionnarisme, des
monopoles et des priviléges, n'avez-vous jamais recherché,
comme nous, les causes du désordre social et de l'affaisse-
ment des caractères?

Le droit et le devoir de juger sont inséparables de la
souveraineté. Où est le souverain, là est le juge! Rois,
princes, empereurs, jaloux de s'approprier ce magnifique
apanage de la souveraineté, avaient toujours eu soin
d'attribuer à leur pouvoir une origine divine. Dominateurs
et exterminateurs des hommes, par la grâce de Dieu!

La révolution est venue, qui, remettant la pyramide
sur sa base, a restitué au peuple sa souveraineté.

Le pouvoir exécutif, simple agent de la volonté du souverain, lui donnera-t-il des juges?

Le juge de fait c'est le jury : tout citoyen honorable et
suffisamment éclairé doit en faire partie.

Le juge du droit c'est le magistrat qui a préalablement
fait ses preuves d'aptitude et de moralité, mais ne doit
tenir son siége que de l'élection.

Tels sont, selon nous, les vrais principes. Qu'ils soient
immédiatement applicables, nous n'oserions l'affirmer

mais tous nos efforts doivent tendre à en rendre l'application prochaine.

En ce qui touche aux armées permanentes, à cet entraînement gigantesque de la partie jeune, virile et saine d'une nation, vers l'oisiveté laborieuse du camp ou de la caserne, pas n'est besoin de tourner les regards vers la Rome dégénérée des Césars pour y trouver de terribles exemples.

Certes, nous serions coupables si nous refusions de reconnaître la nécessité qui s'impose à la France, de se créer une nouvelle et puissante organisation militaire; mais nous ne pouvons oublier que l'abus du militarisme nous a conduits où nous sommes.

Eh! quoi, nous avons vu ce que l'empire avait fait de nos états-majors, de l'administration, du commandement suprême! Nous avons vu, dans Paris, la dédaigneuse impuissance ou l'inertie voulue de la science officielle! Le sang de nos fils, deux provinces, françaises entre-toutes, un lambeau de notre honneur, n'ont pas suffi à payer la rançon de notre aveuglement, et nous ne serions pas éclairés?

Instruits par une dure expérience, ce n'est pas une armée de compression que nous voulons pour la France, c'est une armée de citoyens disciplinés, défenseurs de la loi et de l'indépendance nationale.

Que dire du fonctionnarisme, de ce mandarinat nomade, dont les légions, semblables aux sauterelles d'Afrique, dévorent fiévreusement, sans jamais être assouvies, la partie la plus substantielle de nos ressources?

Serons-nous éternellement condamnés à défrayer cette armée de plumitifs, dont le travail ridicule nous coûte vingt fois plus qu'il ne vaut?

Combien de temps encore, chacun de nos mouvements, chacun de nos actes, sera-t-il surveillé, gêné, comprimé, par les soins d'une administration protectrice, jusqu'à l'étranglement?

Faut-il parler de nos voies de communication, du crédit national, livrés aux mains de quelques hommes, dont l'exorbitant pouvoir est la négation formelle de notre liberté?

Ces hommes sont devenus les commandeurs du travail! Les monopoles qu'ils se partagent, les capitaux qu'ils accumulent, hors de toute proportion avec les services rendus, font obstacle à l'expansion normale de l'industrie et du commerce, à la production agricole elle-même, en un mot au développement de la richesse par le travail libre.

Et l'on s'étonne que la population diminue en France! Interrogez Malthus, consultez Darwin, demandez leur opinion à Bastiat, à Proudhon, à Garnier, la réponse ne se fera pas attendre.

Quant à l'influence cléricale, vous connaissez déjà ma pensée; mais il ne me déplaît pas de revenir sur ce sujet, d'évoquer, s'il le faut, les souvenirs des temps reculés, en les rapprochant des luttes de notre époque.

Interrogeons-nous l'Égypte, elle nous répond par l'abjection séculaire de ses fellahs!

Faut-il demander aux Brahmes ce qu'ils ont fait de l'Inde?

Plus près de nous, qu'est devenue l'Espagne, la vaillante et malheureuse Espagne, sous l'haleine des confesseurs de rois, sous la griffe de ce tigre qui s'appelait Philippe II, sous la patte de ce chacal qui avait nom Ferdinand VII?

N'avons-nous pas été les témoins attristés des hontes et des douleurs de l'Italie impériale et papale avant sa résurrection?

Ne voyons-nous pas enfin les principaux chefs du

clergé, suivis de leur milice, marchant comme un régiment, ainsi que le disait l'un d'entre eux, afficher la prétention hautaine d'instruire nos enfants, pour les dominer au nom d'un vieillard qu'ils ont fait infaillible?

Présomption étrange! A la fin du xixᵉ siècle, malgré le mouvement majestueux de la science, qui porte le monde sur les ruines du passé, quelques milliers d'hommes, beaucoup d'entre eux fils de l'ignorance, se disent les représentants directs de l'autorité divine; ils osent rêver la transformation de l'Europe en un immense Paraguay!

Vaine illusion, mirage décevant!

La Révolution française a émancipé l'Occident de la double domination théologique et féodale.

Le charme est rompu. La raison humaine, appuyée sur la science, ne reculera pas devant le *Syllabus!*

Paris, 1875.

Pour nous, le suffrage universel étant de droit, l'institution républicaine est indiscutable; elle relève de la conscience humaine et du sens commun.

L'autonomie communale en forme la base, et à son existence se lient étroitement la liberté individuelle, l'inviola-
bilité du domicile, la responsabilité des agents de l'autorité publique.

Mais ce n'est pas la commune émiettée, rachitique,
pauvre, ignorante et vassale des préfets qu'il faut à la
République, c'est la commune vivante et libre, la commune renfermant une population assez dense, assez éclai-
·rée pour trouver dans ses rangs les dignes représentants
de ses intérêts, les serviteurs intelligents et dévoués de
la loi.

En s'appuyant sur elle, le citoyen apprendra à se défendre contre les empiétements de l'autorité centrale. « *My
house is my castle*, disent les Anglais, ma maison c'est ma
forteresse. » Nous voulons qu'un jour, bientôt, chaque fils
de Français puisse, à bon droit, tenir le même langage.
En France, de trop nombreux exemples, presque toujours
impunis, ont accoutumé le peuple à voir la liberté individuelle foulée aux pieds, la loi méprisée par les forts. Il
importe d'en inspirer le respect à tous. Comment y par-
venir, si la responsabilité n'est qu'un mot privé de sanc-
tion ?

Les citoyens qui vivent du travail plutôt que de la rente,
c'est l'immense majorité du pays, se voient forcés, le plus
souvent, de renoncer aux fonctions publiques non rétri-

buées. Les classes riches ou aisées, au contraire, se servant de l'influence acquise par ces mêmes fonctions, qu'elles savent rechercher et obtenir, préparées d'ailleurs par l'enseignement officiel, leur apanage, montent à l'assaut des emplois gagés. La solidarité, qui, malgré de fréquentes querelles, relie entre eux les privilégiés, le mécanisme d'une organisation savante, les ressources d'une législation protectrice du fonctionnarisme à l'excès, tout contribue à rendre les responsabilités dérisoires, l'exploitation du pays facile, mais moralement et matériellement ruineuse.

L'application du principe égalitaire de la rémunération ou indemnité pour tout service rendu, le libre concours prenant la place des priviléges universitaires pour l'accession aux emplois, une législation plus nette et moins accessible aux interprétations byzantines, tels sont les moyens de rendre les responsabilités effectives et de mettre fin aux abus sous lesquels nous gémissons.

Les radicaux, poussant la prudence à ses dernières limites, ne trouvent, pour le moment, rien de mieux à faire. Pourriez-vous me dire ce qu'ont trouvé ou seulement cherché les conservateurs? Mais ai-je besoin de réponse? — L'organisation actuelle ne met-elle pas la France centralisée sous leur main, et ce pouvoir qu'ils défendent à outrance, n'a-t-il pas été constitué en haine de la démocratie?

La centralisation, telle que nous l'imposa le despotisme d'un Corse, Italien du xvie siècle égaré parmi nous, comme on l'a si bien dit, est antipathique au génie de notre race. C'est une machine pneumatique dont le fonctionnement paralyse le pays, stérilise ses efforts, le corrompt et l'énerve; machine sous laquelle, depuis trois quarts de siècle, se débat et agonise notre patrie. Par son action continue, irrésistible, l'initiative des citoyens a été si rudement comprimée, qu'au moment du péril suprême, la France ne s'est pas reconnue !....

Parmi les questions diverses auxquelles j'ai touché, l'impôt a été tout au plus indiqué à propos du budget futur de l'enseignement. Il importe d'y revenir, ne serait-ce que pour bien marquer les tendances républicaines. En effet, si l'impôt, comme je le crois, est la clef de voûte de tout édifice politique, quelle ne sera pas notre sollicitude à rechercher le meilleur système d'impôt, celui qui nous permettra de supporter sans fléchir les charges écrasantes accumulées sur nous par nos fautes? Cela même est loin de suffire!... L'éducation nationale, la reconstitution de notre état militaire, l'hygiène si négligée dans nos villes, le service médical dans nos campagnes, la canalisation de nombreux cours d'eau, de nouveaux canaux à creuser, ceux qui existent à utiliser, nos voies ferrées à compléter, l'impôt doit, sous des formes diverses, pourvoir à tous ces intérêts et à bien d'autres que j'oublie ou que je néglige.

Assurément ce n'est point au moyen empirique et barbare des impôts de consommation qu'il faut demander les ressources nécessaires. Le simple travailleur peut-il, sans iniquité, livrer à l'impôt le produit d'un travail qui lui permet à peine de subsister avec sa famille? En vérité, les classes dirigeantes semblent avoir donné une interprétation étrange au principe d'égalité proclamé par la déclaration des droits! N'est-il pas évident que le travail accumulé, c'est-à-dire la richesse, fruit de l'épargne, doit servir de base à l'impôt?

J'entends les conservateurs qui vivent du revenu s'écrier : « Frapper l'épargne, quelle ignorance! quelle immoralité! » Je passe, me contentant de répondre : « Frapper le travail qui produit l'épargne, quelle intelligence ! quelle moralité ! »

L'impôt unique sur le capital est conforme aux enseignements de la science économique. Il n'entrave pas la circulation, frappe la richesse et non l'homme, respecte les droits du travail, est économiquement perçu et parfaitement défini, il répond enfin à l'idée de justice, religion des vrais républicains.

Ceci est mon point de vue personnel. Mais, sans entrer dans une discussion qui nous mènerait trop loin, je dis : L'impôt unique, voilà le principe ! Capital ou revenu, voilà la question. *Et adhuc sub judice lis est.*

Résumons-nous : suffrage universel souverain ; autonomie communale ; large décentralisation, sans préjudice toutefois pour la grande unité nationale.

Liberté de la presse, de réunion, d'association ; liberté religieuse ; liberté d'enseignement ; liberté de travail et libre circulation de son produit.

Réforme de l'éducation nationale et de l'armée, réforme administrative et judiciaire ; nous voulons tout cela.

Le mouvement scientifique de notre temps, l'évolution économique qui le suit, la marche ascendante de la démocratie , exigent que de profondes modifications soient apportées à notre législation, empruntée, sur beaucoup de points , au monde Romain esclavagiste. Nous voulons aussi ces changements.

Faut-il vous entretenir de la réforme pénitentiaire, que commandent la morale et l'intérêt social, inséparables l'un de l'autre, de la peine de mort, que la philosophie réprouve, de la colonisation, livrée jusqu'ici, pour sa ruine et notre honte, aux plus incroyables fantaisies du militarisme ? ce serait à n'en pas finir.

Une fois entrés dans les larges avenues de la justice et

du droit, à chaque pas nous découvrirons une réforme à introduire, un abus à déraciner. Nous travaillerons patiemment à la réforme, nous extirperons l'abus avec précaution, mais nous irons jusqu'à la racine.

Est-ce pour cette raison qu'on nous nomme radicaux. Cette appellation nous honore. Radicaux étaient les gueux de Hollande, luttant, les armes à la main, contre la tyrannie; radicaux nous sommes, luttant pacifiquement pour la régénération de la France et pour sa liberté !

Paris, 1875.

Vous m'avez demandé, non sans une pointe d'ironie, ce que pouvait bien être un radical, j'ai fait de mon mieux pour vous le dire en toute sincérité, traçant, à grands traits, les linéaments principaux qui, réunis, indiquent l'ensemble de mes idées. De longs éclaircissements auraient été superflus. Vous connaissez, d'ailleurs, les allures de mon esprit ; il aime à laisser un peu de travail aux autres, et n'aime pas s'attarder en chemin.

A vous de me dire, si mes conclusions radicales offrent ce caractère de concordance et de solidité, que vous êtes en droit de leur demander.

Est-il un intérêt légitime, avouable, que le radicalisme refuse de protéger ou de défendre, une iniquité, qu'il ne soit prêt à attaquer ?

Cherchons-nous ses ennemis, nous les trouvons partout où se commet une injustice, où trône un privilége, où se dissimule un abus, partout où fleurit la sacro-sainte ignorance !

Vous le voyez, mon ami, ces revendications radicales, si effrayantes, qu'il faut, pour les combattre, avoir recours aux foudres de la terre et du ciel, sont tout bonnement la conséquence du développement régulier, incessant, invincible de la démocratie.

La foule immense des spoliés a retrouvé ses titres, le suffrage universel les lui a rendus ; nous entendons qu'elle les fasse valoir.

C'est effrayant, je le reconnais, mais pour qui ?

Profondément respectueux du droit de suffrage qui appartient à tout homme *libre*, dédaignant les sophismes au moyen desquels on attaque ce droit, les républicains veulent en éloigner ce qui pourrait le dénaturer ou le corrompre. Ils demandent des garanties à la sévérité des lois, mais ils savent que la moralisation par la famille, par l'école, par le travail libre, par la propriété, fille légitime de ce même travail, peut seule donner aux citoyens toute l'intelligence, toute la dignité que comporte l'exercice de leur droit.

Les conservateurs, afin d'éviter les discussions irritantes en vue du bon ordre, de l'ordre moral, disent-ils, mais en réalité, afin de rester les maîtres, nient le droit et veulent supprimer le fait. Ici vient se placer la théorie des supériorités sociales d'origine céleste, prêchée par un capitaine de cavalerie en rupture d'escadron, à un auditoire d'autruches privilégiées.

La philosophie chrétienne enseignait aux hommes la responsabilité qui les fait libres, la fraternité qui les rend meilleurs. Elle avait eu soin, par la bouche du maître, de séparer, non sans quelque hauteur, les droits de Dieu de ceux de César.

Le dogmatisme catholique s'alliant à César pour dominer, a divinisé la force (*omnis potestas a Deo*), enseigné la servitude volontaire, posant ainsi les bases d'un pouvoir formidable; trois siècles de luttes, couronnées par la Révolution française, ont profondément ébranlé ce pouvoir, qui n'avouera jamais sa défaite.

Nous avons vu s'accomplir le plus grand événement du siècle : l'esclavage n'existe plus, l'Amérique lui a fait de sanglantes funérailles. La Russie, honteuse de ses serfs, veut en faire des hommes ; le Brésil délivre ses nègres et les esclaves de Cuba ont pris la liberté que leur refusait l'Espagne catholique.

L'esprit humain, secouant ses chaînes, marche chaque

jour d'un pas plus égal et plus ferme vers la recherche de la vérité, vers la justice.

Seuls, quelques hommes égarés par un insupportable esprit de domination et d'orgueil refusent de poser les armes et préparent de nouveaux combats. Peut-être serait-il sage de s'en préoccuper moins si les agissements du parti clérical, offensant notre patriotisme, n'empruntaient aux circonstances une gravité qu'il est impossible de méconnaître.

Depuis quatre ans, on peut le dire, ce peuple a tout fait pour renaître à la grande vie nationale. Il a travaillé, épargné, obéi sans murmurer, comme sans répondre aux diverses provocations dont il a été l'objet. Par son attitude il a montré ce qu'on pouvait attendre de son intelligence, de son patriotisme, de son abnégation.

La France demandait à la liberté, au travail, à l'instruction, à l'honnêteté publique remise en honneur, de lui refaire une virilité nouvelle. On lui a fait l'injure de répondre : Chambord, Orléans, Bonaparte! Droit féodal, droit bourgeois, droit prétorien, le droit clérical dominant tous les autres !.....

L'histoire dira si les hommes honorés de sa confiance dans les jours de malheur et d'affolement, se sont inspirés de ses sentiments.

Pour nous, républicains, si le devoir est quelquefois difficile à remplir, il n'est jamais douteux. Nous pouvons faire des concessions douloureuses, et sacrifier momentanément au bien public nos plus chères aspirations, mais nos principes sont immuables. Notre drapeau flotte toujours au vent de l'avenir, porté par la justice, soutenu par le droit.

Paris, mai 1875.

---

312 — Paris. Imp. A. Quétemple, rue des Canettes, 7.

www.ingramcontent.com/pod-product-compliance
Lightning Source LLC
Chambersburg PA
CBHW061236030726
47595CB00004B/1555